Autokennzeichen

Einfach gut erklärt von Christine Stahr,
mit Bildern von Igor Dolinger

Das Erkennungszeichen

Jedes Auto hat ein eigenes Kennzeichen, das sich von allen anderen unterscheidet. Ungefähr 45 Millionen Autos sind in Deutschland angemeldet. Über das **Nummernschild** kann man herausfinden, wem ein Wagen gehört.

Schon gewusst?

Was ist ein Landkreis?
a) Ein Zusammenschluss aus meist kleineren Orten, die sich Aufgaben teilen, z.B. die Müllbeseitigung
b) Ein Zusammenschluss von Ländern, die kreisförmig angeordnet sind
c) Ein Kreisverkehr in einem Dorf

Lösung: a)

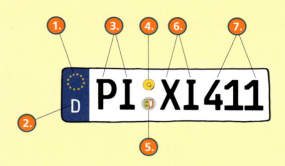

1. Der Kreis aus goldenen Sternen auf blauem Grund ist ein Zeichen der Europäischen Union (EU), einem Zusammenschluss von 28 Ländern.

2. Aus welchem Land ein Auto kommt, zeigt der Buchstabe unter dem Kreis. D steht für Deutschland.

3. Die Buchstaben bezeichnen die Heimatstadt oder den Landkreis. In Deutschland gibt es viele Hundert solcher Erkennungszeichen.

4. Die TÜV-Plakette zeigt an, wann der Fahrer prüfen lassen muss, ob sein Auto noch verkehrstüchtig ist. Funktionieren zum Beispiel die Bremsen und die Scheinwerfer? Ist alles in Ordnung, bekommt das Auto eine neue TÜV-Plakette.

5. Hier steht das Wappen des Bundeslands, aus dem der Wagen kommt.

6. Die ein bis zwei Buchstaben darf sich der Autobesitzer selbst aussuchen, wenn er möchte – und wenn sie noch nicht vergeben sind.

7. Den Abschluss bilden ein bis vier Zahlen.

Deutsche Autokennzeichen von A bis Z

A

Stadt und Landkreis Augsburg
Einwohner Landkreis: etwa 246 000
Einwohner Stadt: etwa 286 000
Bundesland: Bayern
„Urmel aus dem Eis" und
„Jim Knopf" sind Helden der
Augsburger Puppenkiste, einem
berühmten Marionetten-Theater.

ABI

Landkreis Anhalt-Bitterfeld
Einwohner: etwa 165 000
Bundesland: Sachsen-Anhalt
In Altjeßnitz liegt der größte und älteste Irrgarten
Deutschlands. 200 Wege, die von hohen Hecken begrenzt
sind, bilden das Labyrinth. Nur einer führt zum Ziel – der
Aussichtsplattform in der Mitte.

AC

Aachen
Städteregion Aachen
Einwohner: etwa 554 000
Bundesland: Nordrhein-Westfalen

AUR

Landkreis Aurich
Einwohner: etwa 189 000
Bundesland: Niedersachsen
In der Stadt Suurhusen in
Ostfriesland steht der
schiefste Turm der Welt.

AW

Landkreis Ahrweiler
Einwohner: etwa 128 000
Bundesland: Rheinland-Pfalz
Um die Kurven des Nürburgrings in der Eifel rasen die berühmtesten Rennfahrer der Welt bei dem Spitzen-Autorennen Formel 1.

B

Stadt Berlin
Einwohner: etwa 3 520 000
Bundesland: Berlin
Berlin ist die Hauptstadt und zugleich die größte Stadt Deutschlands.

BOR

Landkreis Borken
Einwohner: etwa 370 000
Bundesland: Nordrhein-Westfalen
Im Naturschutzgebiet Zwillbrocker Venn leben Flamingos – so weit nördlich ist das eine Besonderheit.

BS

Stadt Braunschweig
Einwohner: etwa 251 000
Bundesland: Niedersachsen
Hier tickt die genaueste Uhr der Welt, die Atomuhr der Physikalisch-Technischen Bundesanstalt (PTB).

Landkreis Bautzen
Einwohner: etwa 306 000
Bundesland: Sachsen
Straßen und Ortsnamen stehen hier in zwei Sprachen auf Straßenschildern: auf Deutsch und auf Sorbisch. Sorben sind die Nachkommen eines slawischen Volks, das sich im siebten Jahrhundert in der Region angesiedelt hat.

Stadt Chemnitz
Einwohner: etwa 249 000
Bundesland: Sachsen

Landkreis Cham
Einwohner: etwa 126 000
Bundesland: Bayern

Landkreis Coesfeld
Einwohner: etwa 218 000
Bundesland: Nordrhein-Westfalen
Im Merfelder Bruch leben die letzten Wildpferde Deutschlands: die Dülmener Wildpferde.

Stadt Düsseldorf
Einwohner: etwa 612 000
Bundesland: Nordrhein-Westfalen
Landeshauptstadt

Stadt Dresden
Einwohner: etwa 544 000
Bundesland: Sachsen
Landeshauptstadt
Die Frauenkirche wurde im Zweiten Weltkrieg zerstört. Zum Glück konnte das Wahrzeichen wieder aufgebaut werden.

Stadt Dortmund
Einwohner: etwa 586 000
Bundesland: Nordrhein-Westfalen
In Dortmund steht das größte Fußballstadion Deutschlands. 81 360 Fußballfans können hier ihre Mannschaften anfeuern.

Stadt Eisenach
Einwohner: etwa 42 000
Bundesland: Thüringen
Die Wartburg am Rand des Thüringer Walds gehört zu den berühmtesten Burgen Deutschlands. Nachdem Martin Luther die Kirche kritisiert hatte, versteckte er sich hier und übersetzte in einer Burgkammer die Bibel ins Deutsche. Bis dahin hatte es sie nur auf Griechisch und Lateinisch gegeben und nur wenige konnten sie lesen.

EF

Stadt Erfurt
Einwohner: etwa 210 000
Bundesland: Thüringen
Landeshauptstadt
Die Krämerbrücke ist die einzige Brücke in Deutschland, auf der Häuser stehen. Im Mittelalter wohnten darin Händler, die Stoffe, Gewürze, Schmuck und allerlei andere Waren verkauften.

Stadt Frankfurt am Main
Einwohner: etwa 733 000
Bundesland: Hessen
Der Commerzbank-Tower ist mit 259 Metern das höchste Gebäude in Deutschland.

Stadt Frankfurt (Oder)
Einwohner: etwa 58 000
Bundesland: Brandenburg

Stadt Flensburg
Einwohner: etwa 86 000
Bundesland: Schleswig-Holstein
In der nördlichsten deutschen Hafenstadt werden die Strafpunkte aller Autofahrer gesammelt. Strafpunkte bekommt zum Beispiel, wer schneller fährt als erlaubt und von einer Blitzanlage aufgenommen wird. Anhand des Autokennzeichens wird herausgefunden, wem der Wagen gehört.

FR

Stadt Freiburg im Breisgau
Einwohner: etwa 226 000
Bundesland: Baden-Württemberg
Viele Flüsschen fließen durch die Stadt. Wer versehentlich einen Fuß in so ein „Bächle" setzt, wird angeblich einen Freiburger oder eine Freiburgerin heiraten.

GE

Stadt Gelsenkirchen
Einwohner: etwa 260 000
Bundesland: Nordrhein-Westfalen
Einer der bekanntesten deutschen Fußballvereine, der FC Schalke 04, ist nach dem Gelsenkirchener Stadtteil Schalke benannt.

GÖ

Landkreis Göttingen
Einwohner: etwa 119 000
Bundesland: Niedersachsen
Das meistgeküsste Mädchen der Welt ist wohl die Gänseliesel, eine Brunnenfigur in der Stadt Göttingen. Vor über 100 Jahren fingen Studenten an, auf den Brunnen zu klettern und die Figur zu küssen.

GR

Landkreis Görlitz
Einwohner: etwa 55 000
Bundesland: Sachsen
Die Stadt Görlitz liegt von allen deutschen Städten am weitesten östlich. Hier wurden schon einige Hollywood-Filme gedreht. Deshalb haben die Einwohner ihrem Städtchen den Spitznamen „Görliwood" gegeben.

H

Stadt Hannover
Einwohner: etwa 532 000
Bundesland: Niedersachsen
Landeshauptstadt

HA : HA 5346

Stadt Hagen
Einwohner: etwa 189 000
Bundesland: Nordrhein-Westfalen

HB

Hansestadt Bremen und Bremerhaven
Einwohner: etwa 671 500
Bundesland: Bremen
Bremen ist das kleinste Bundesland und das einzige, das aus zwei Großstädten besteht. Durch das Märchen von vier alten Haustieren, die in Bremen Musik spielen wollen, kennen viele Kinder die Stadt Bremen. Eine Statue der „Bremer Stadtmusikanten" wurde direkt am Rathaus aufgestellt.

HH

Hansestadt Hamburg
Stadt Hamburg
Einwohner: etwa 1 787 000
Bundesland: Hamburg
Hamburg ist die zweitgrößte Stadt Deutschlands, der Hafen der Stadt ist sogar der größte des Landes.

> HRO

Hansestadt Rostock
Einwohner: etwa 206 000
Bundesland: Mecklenburg-Vorpommern
Hansestädte wie Rostock gehörten im Mittelalter zur Hanse – einem mächtigen Bund von Handelsstädten und Kaufleuten.

> HWI

Hansestadt Wismar
Einwohner: etwa 42 600
Bundesland: Mecklenburg-Vorpommern
Klaus Störtebeker ist der berühmteste Pirat der Nord- und Ostsee. Vermutlich stammte er aus Wismar.

> HZ

Landkreis Harz
Einwohner: etwa 221 000
Bundesland: Sachsen-Anhalt
Jedes Jahr zur Walpurgisnacht am 30. April verkleiden sich die Menschen im Harz als Hexen und feiern. Der Brauch geht auf eine Sage zurück: Hexen sollen in dieser Nacht auf dem Gipfel des höchsten Bergs der Region, dem Brocken, mit dem Teufel um ein riesiges Feuer tanzen.

> IN

Stadt Ingolstadt
Einwohner: etwa 132 400
Bundesland: Bayern

J

Stadt Jena
Einwohner: etwa 109 500
Bundesland: Thüringen
In Jena steht das älteste Planetarium der Welt. Seit 1926 werden Teile des Himmels an der Kuppel abgebildet und die Besucher bekommen einen Eindruck vom All.

K

Stadt Köln
Einwohner: etwa 1 061 000
Bundesland: Nordrhein-Westfalen
Der Kölner Dom ist die beliebteste deutsche Sehenswürdigkeit: Rund 6 Millionen Besucher schauen sich die Kirche jedes Jahr an.

KI

Stadt Kiel
Einwohner: etwa 246 300
Bundesland: Schleswig-Holstein
Landeshauptstadt

KN

Stadt und Landkreis Konstanz
Einwohner: etwa 280 300
Bundesland: Baden-Württemberg
Konstanz liegt am Bodensee, dem größten See Deutschlands. Die Stadt Konstanz würde achtmal in den Bodensee hineinpassen.

KS

Stadt und Landkreis Kassel
Einwohner Stadt: etwa 198 000
Einwohner Landkreis: etwa 236 000
Bundesland: Hessen
In der Stadt Kassel leben sehr viele Waschbären: Rund 10 000 plündern hier Tag für Tag die Mülltonnen.

L

Stadt und Landkreis Leipzig
Einwohner Landkreis: etwa 258 400
Einwohner Stadt: etwa 560 500
Bundesland: Sachsen
Besonders während der Buchmesse im Frühling wird in der Stadt viel gelesen.

LG

Stadt und Landkreis Lüneburg
Einwohner: etwa 181 000
Bundesland: Niedersachsen
Das Heidekraut der Lüneburger Heide ist eine Leibspeise der Heidschnucken, einer alten Schafsrasse.

M

Stadt und Landkreis München
Einwohner Stadt: etwa 1 450 000
Einwohner Landkreis: etwa 340 000
Bundesland: Bayern
Landeshauptstadt
Der Englische Garten ist größer als 580 Fußballfelder. Damit ist er einer der größten Stadtparks der Welt.

MA:RS 999

Stadt Mannheim
Einwohner: etwa 305 800
Bundesland: Baden-Württemberg
Carl Benz baute hier 1886 das erste Auto. Die Erste, die es wagte, damit eine längere Fahrt zu unternehmen, war seine Frau Bertha Benz.

MD

Stadt Magdeburg
Einwohner: etwa 235 700
Bundesland: Sachsen-Anhalt
Landeshauptstadt

MS

Stadt Münster
Einwohner: etwa 310 000
Bundesland: Nordrhein-Westfalen
Die Zahl der Fahrräder ist fast doppelt so hoch wie die der Einwohner. Es werden aber auch nirgendwo in Deutschland mehr Räder geklaut als hier.

MZ

Stadt Mainz und Landkreis Mainz-Bingen
Einwohner Stadt: etwa 209 800
Einwohner Landkreis: etwa 208 700
Bundesland: Rheinland-Pfalz
Landeshauptstadt

Auf der Mainzer Fastnacht werden besonders viele Reden gehalten. Vom 11.11. um 11:11 Uhr bis zum Aschermittwoch sagen die Narren an der Bütt, dem Rednerpult, so manches, was sie sich sonst vielleicht nicht trauen würden.

[NES]

Landkreis Rhön-Grabfeld
Einwohner: etwa 79 700
Bundesland: Bayern
Rhönschafe haben ein weißes Fell
und schwarze Köpfe.

[NF]

Landkreis Nordfriesland
Einwohner: etwa 165 000
Bundesland: Schleswig-Holstein
**In diesem nördlichsten Landkreis
liegen die Halligen, zehn winzige
Inseln in der Nordsee. Ihre Häuser stehen auf
künstlichen Hügeln, den Warften, damit sie bei einer
Sturmflut nicht vom Meer überschwemmt werden.**

[OAL]

Landkreis Ostallgäu
Einwohner: etwa 137 700
Bundesland: Bayern
König Ludwig II. ließ Schloss
Neuschwanstein im 19. Jahr-
hundert bauen, weil er in einer
Märchenritterburg wohnen wollte.
Heute ist das Schloss weltberühmt.

[OH]

Landkreis Ostholstein
Einwohner: etwa 199 600
Bundesland: Schleswig-Holstein
Hier wächst ein Baum mit einer Postanschrift, der
Briefkasten ist ein Astloch. Ihm schreiben Menschen,
die heiraten möchten. Jeder, der mag, kann die Briefe
lesen und dem Schreiber antworten. Durch die
Bräutigamseiche haben sich schon viele kennengelernt.

(P)

Stadt Potsdam
Einwohner: etwa 167 700
Bundesland: Brandenburg
Landeshauptstadt
In Potsdam steht Schloss
Sanssouci. Sanssouci heißt
„ohne Sorge" auf Französisch.
Und genauso, also sorgenfrei,
wollte der Erbauer, König Friedrich II.,
im 18. Jahrhundert hier leben.

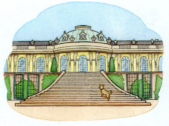

(PI : XI 411)

Landkreis Pinneberg
Einwohner: etwa 307 500
Bundesland: Schleswig-Holstein
Die Insel Helgoland ist
40 Kilometer weiter von der
Küste entfernt als jede
andere deutsche Insel. Dort
leben Trottellumme –
Meeresvögel, die Pinguinen
ein bisschen ähnlich sehen.

(PIR : AT 54)

Landkreis Sächsische Schweiz-Osterzgebirge
Einwohner: etwa 247 400
Bundesland: Sachsen

(R)

Stadt und Landkreis Regensburg
Einwohner Stadt: etwa 145 500
Einwohner Landkreis: etwa 189 400
Bundesland: Bayern

(RP)

Rhein-Pfalz-Kreis
Einwohner: etwa 151 500
Bundesland: Rheinland-Pfalz
Hier schwirrt der Bienenfresser durch die Luft. Der bunte Vogel ist nur in den wärmsten Gegenden Deutschlands anzutreffen.

(RT)

Landkreis Reutlingen
Einwohner: etwa 282 100
Bundesland: Baden-Württemberg
Die engste Straße der Welt ist die Spreuerhofgasse in Reutlingen. An der engsten Stelle ist sie nur 31 Zentimeter breit.

(S)

Stadt Stuttgart
Einwohner: etwa 623 700
Bundesland: Baden-Württemberg
Landeshauptstadt
Rund um Stuttgart werden besonders viele Autos hergestellt.

(SB)

Saarbrücken
Einwohner: etwa 178 200
Bundesland: Saarland
Landeshauptstadt
In Saarbrücken fahren Straßenbahnen über die Grenze nach Frankreich.

SLS

Stadt und Landkreis Saarlouis
Einwohner: etwa 197 000
Bundesland: Saarland

SN

Stadt Schwerin
Einwohner: etwa 96 800
Bundesland: Mecklenburg-Vorpommern
Landeshauptstadt
In dem Schweriner Schloss soll das Petermännchen herumspuken, ein grimmig guckender Schlossgeist.

TR

Stadt Trier und Kreis Trier-Saarburg
Einwohner Stadt: etwa 114 900
Einwohner Landkreis: etwa 148 000
Bundesland: Rheinland-Pfalz

Die Stadt Trier wurde vor über 2000 Jahren von den Römern gegründet und ist die älteste deutsche Stadt. Die Porta Nigra ist das am besten erhaltene römische Stadttor in Deutschland.

TÜ

Landkreis Tübingen
Einwohner: etwa 87 500
Bundesland: Baden-Württemberg

`UL`

Stadt Ulm und Alb-Donau-Kreis
Einwohner Stadt: etwa 122 600
Einwohner Landkreis: etwa 192 100
Bundesland: Baden-Württemberg
Der Kirchturm des Ulmer Münsters
ist rund 162 Meter hoch und damit
der höchste Kirchturm der Welt.

`V`

Vogtlandkreis
Einwohner: etwa 232 300
Bundesland: Sachsen

`VB`

Vogelsbergkreis
Einwohner: etwa 107 200
Bundesland: Hessen
Das Mittelgebirge Vogelsberg ist das größte Vulkangebiet
Deutschlands. Lava haben die Vulkane der Gegend
allerdings seit zehn Millionen Jahren nicht mehr gespuckt.

`VR`

Landkreis Vorpommern-Rügen
Einwohner: etwa 224 800
Bundesland: Mecklenburg-Vorpommern
Auf den abgeernteten Feldern
zwischen der Halbinsel
Fischland-Darß-Zingst und
der Insel Rügen landen
jedes Jahr im Herbst etwa
40 000 Kraniche. Bevor sie
nach Südeuropa fliegen,
fressen sie sich hier noch
einmal so richtig satt.

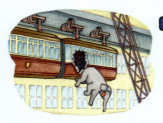

Einwohner: etwa 350 000
Bundesland: Nordrhein-Westfalen
Durch Wuppertal fährt eine Schwebebahn. Aus ihr sprang 1950 die Elefantendame Tuffi. Sie stürzte 12 Meter tief und platschte in die Wupper. Bis auf eine Schramme am Po blieb sie zum Glück unverletzt.

WAF

Stadt und Landkreis Warendorf
Einwohner: etwa 277 400
Bundesland: Nordrhein-Westfalen
In Warendorf werden Pferde gezüchtet. Reiter und Pferde messen sich auf Wettbewerben und selbst die Spezialität des Landkreises, feine Schokoladentrüffel, ist in gewisser Weise nach den Vierbeinern benannt: Die Trüffel heißen „Warendorfer Pferdeäppel".

WAK

Wartburgkreis
Einwohner: etwa 125 700
Bundesland: Thüringen

WB

Stadt und Landkreis Wittenberg
Einwohner: etwa 128 400
Bundesland: Sachsen-Anhalt
Im Jahr 1517 soll der Mönch Martin Luther 95 Thesen, also Behauptungen, an die Tür der Wittenberger Schlosskirche gehämmert haben. In ihnen richtete er sich zum Beispiel gegen die große Macht des Papstes, des Kirchenoberhaupts.

WI:LD 78

Stadt Wiesbaden
Einwohner: etwa 276 200
Bundesland: Hessen
Landeshauptstadt
Hier leben grüne Papageien. Sie sind die Nachkommen von Vögeln, die aus Käfigen entflogen sind.

WO

Stadt Worms
Einwohner: etwa 82 100
Bundesland: Rheinland-Pfalz
Hagen, der Held der Nibelungen-Sage, einer deutschen Erzählung aus dem Mittelalter, soll hier viel Gold in den Rhein gekippt haben. Bisher hat aber noch niemand den Schatz gefunden.

WOB

Stadt Wolfsburg
Einwohner: etwa 124 000
Bundesland: Niedersachsen
Jedes Jahr werden hier über 800 000 Autos hergestellt.

Z

Landkreis Zwickau
Einwohner: etwa 324 500
Bundesland: Sachsen
Hier wurde in der DDR der heißbegehrte Trabi gefertigt. Weil es damals nicht genug Blech gab, bestand er aus Duroplast, einer Kunststoffmischung. Ihr verdankt das Auto seine Spitznamen: Rennpappe und Duroplastbomber.

Sonderkennzeichen in Deutschland

Manche Autos tragen besondere Kennzeichen. Zu ihnen gehören beispielsweise die Fahrzeuge der Bundespolizei und anderer Behörden (Einrichtungen, die Aufgaben des Staates übernehmen) sowie die Autos mancher Politiker.

BP

Alle Wagen der **Bundespolizei** beginnen mit BP. Die Bundespolizei ist die Polizei des Staates. Sie schützt zum Beispiel das Bundeskanzleramt und andere wichtige staatliche Gebäude.

0:1

Die O kennzeichnet die Fahrzeuge von **Diplomaten**, von Menschen, die im Auftrag ihres Landes mit Vertretern anderer Staaten sprechen. Die 1 steht für den **Bundespräsidenten**, das Staatsoberhaupt. Seine Aufgabe ist es zum Beispiel, Gäste aus anderen Ländern zu empfangen.

0:2

Die 2 kennzeichnet den Wagen der **Bundeskanzlerin** oder des **Bundeskanzlers**.

`DAH 03|10`

Dieses **Cabriolet** aus dem Landkreis Dachau ist vom 1. März bis zum 31. Oktober zugelassen.

`ER : A 54 H`

Das H am Ende kennzeichnet das Auto aus der Stadt Erlangen als **Oldtimer**. Es ist also mindestens 30 Jahre alt.

`MTK : S 45 E`

Das Auto aus dem Main-Taunus-Kreis fährt nicht mit Benzin, sondern mit Strom. Das ist schon am Nummernschild zu sehen: Das E am Ende kennzeichnet es als **Elektrofahrzeug**.

Österreich und die Schweiz

Land: Österreich
Hauptstadt: Wien, **Einwohner:** etwa 8 700 000

1. Das A unter dem Zeichen der Europäischen Union (EU) steht für Österreich (Austria).

2. Die Buchstaben bezeichnen den Heimat-Bezirk des Autos. Österreich besteht aus 102 Bezirken. FR steht für Freistadt, einem Bezirk im Norden des Landes.

3. Hier steht das Wappen des Bundeslandes, aus dem der Wagen kommt. Freistadt liegt im Bundesland Oberösterreich.

4. Die Kombination aus Zahlen und Buchstaben am Ende des Kennzeichens besteht höchstens aus sechs Zeichen.

Land: Schweiz
Hauptstadt: Bern, **Einwohner:** etwa 8 400 000

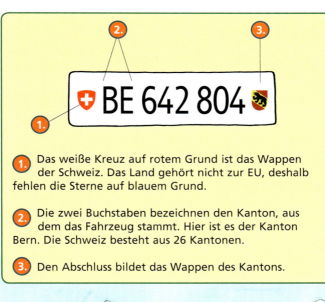

1. Das weiße Kreuz auf rotem Grund ist das Wappen der Schweiz. Das Land gehört nicht zur EU, deshalb fehlen die Sterne auf blauem Grund.

2. Die zwei Buchstaben bezeichnen den Kanton, aus dem das Fahrzeug stammt. Hier ist es der Kanton Bern. Die Schweiz besteht aus 26 Kantonen.

3. Den Abschluss bildet das Wappen des Kantons.

Europäische Kennzeichen

Land: Belgien
Hauptstadt: Brüssel
Einwohner: etwa 11,3 Millionen
Die Belgier gelten als Erfinder der Pommes frites!
Berühmt ist Belgien aber auch für seine Pralinen.

Land: Finnland
Hauptstadt: Helsinki
Einwohner: etwa
5,5 Millionen
In Finnland werden viele
verrückte Wettbewerbe
ausgetragen. Zum Beispiel
die Weltmeisterschaft im
Handy-Weitwurf. Der Rekord liegt
bei 101,46 Metern.

Land: Frankreich
Hauptstadt: Paris
Einwohner: etwa 67 Millionen
Das meistbesuchte Bauwerk
der Welt ist der Eiffelturm:
Jedes Jahr kommen etwa
7 Millionen Besucher.

Land: Großbritannien und Nordirland
Hauptstadt: London
Einwohner: etwa 65 Millionen
Großbritannien ist die größte Insel Europas.
Sie ist fast doppelt so groß wie Österreich und
die Schweiz zusammen.

Land: Italien
Hauptstadt: Rom
Einwohner: etwa 60,6 Millionen
Das Kolosseum in Rom war vor rund 2000 Jahren das größte Theater der Welt.
Darin wurden Wagenrennen veranstaltet und Gladiatoren kämpften gegeneinander.

Land: Slowenien
Hauptstadt: Ljubljana
Einwohner: etwa 2 Millionen
Durch Slowenien streifen über 500 wilde Braunbären.

Land: Türkei
Hauptstadt: Ankara
Einwohner: etwa 79,8 Millionen
Istanbul ist die einzige Stadt auf zwei Kontinenten: ein Teil liegt auf Europa, der andere auf Asien. Getrennt sind sie durch den Bosporus, eine Meerenge.

Land: Vatikanstadt
Hauptstadt: Vatikanstadt
Einwohner: etwa 1000
Der Vatikan ist der kleinste Staat der Welt. Er liegt mitten in der italienischen Hauptstadt Rom. Staatsoberhaupt ist der Papst.

Autokennzeichen-Spiele

Sätze suchen

Reihum ist einer im Auto der Spielleiter. Er nennt die Buchstaben eines Nummernschilds, das er gerade sieht. Alle anderen versuchen, aus den Buchstaben einen Satz zu bilden: Jeder Buchstabe muss der Anfangsbuchstabe eines Worts sein und die Reihenfolge der Buchstaben wird beibehalten. Sieht der Spielleiter zum Beispiel ein Auto aus Karlsruhe und ruft KA-SE, könnte ein Spieler daraus den Satz „König Affe säubert Elche" erfinden. Hat er als Erster einen Satz mit allen Buchstaben in der richtigen Reihenfolge gebildet, bekommt er einen Punkt.

Kennzeichen-Raten

Wieder ist reihum einer der Spielleiter. Er nennt ein Kennzeichen, das er gerade sieht. Wer im Auto zuerst ruft, aus welchem Landkreis oder aus welcher Stadt das Fahrzeug kommt, hat gewonnen.

Rechenkönig werden

Der jeweilige Spielleiter ruft die Zahlen von einem Autokennzeichen. Wer sie am schnellsten addiert oder multipliziert, gewinnt.

Einige deutsche Kfz-Kennzeichen

AA Landkreis Ostalbkreis
AB Stadt und Landkreis Aschaffenburg
ABG Landkreis Altenburger Land
AIC Landkreis Aichach-Friedberg
AN Stadt und Landkreis Ansbach
AÖ Landkreis Altötting
AZ Landkreis Alzey-Worms
BA Stadt und Landkreis Bamberg
BAD Stadt Baden-Baden
BAR Landkreis Barnim
BB Landkreis Böblingen
BC Landkreis Biberach
BI Stadt Bielefeld
BIN Landkreis Mainz-Bingen
BL Landkreis Zollernalbkreis
BLK Landkreis Burgenlandkreis
BM Landkreis Rhein-Erft-Kreis
BN Stadt Bonn
BO Stadt Bochum
CB Stadt Cottbus
CE Landkreis Celle
CLP Landkreis Cloppenburg
CO Stadt und Landkreis Coburg
CUX Landkreis Cuxhaven
CW Stadt und Landkreis Calw
DA Stadt Darmstadt
DAH Landkreis Dachau
DEG Landkreis Deggendorf
DH Landkreis Diepholz
DN Landkreis Düren
DU Stadt Duisburg
DÜW Landkreis Bad Dürkheim
E Stadt Essen
EBE Landkreis Ebersberg
EL Landkreis Emsland
EM Landkreis Emmendingen
EN Landkreis Ennepe-Ruhr-Kreis
ER Stadt Erlangen
ERH Landkreis Erlangen-Höchstadt
ERZ Landkreis Erzgebirgskreis
ES Landkreis Esslingen
EU Landkreis Euskirchen
FB Landkreis Wetteraukreis
FD Landkreis Fulda
FFB Landkreis Fürstenfeldbruck
FG Landkreis Mittelsachsen
FN Landkreis Bodenseekreis
FRI Landkreis Friesland
FS Landkreis Freising

FÜ Stadt und Landkreis Fürth
G Stadt Gera
GG Landkreis Groß-Gerau
GI Landkreis Gießen
GL Landkreis Rheinisch-Bergischer Kreis
GM Oberbergischer Kreis
GP Landkreis Göppingen
GS Landkreis Goslar
GT Landkreis Gütersloh
HAL Stadt Halle (Saale)
HAM Stadt Hamm
HD Stadt Heidelberg
HEI Landkreis Dithmarschen
HF Landkreis Herford
HG Landkreis Hochtaunuskreis
HI Landkreis Hildesheim
HL Stadt Lübeck
HM Landkreis Hameln-Pyrmont
HN Stadt und Landkreis Heilbronn
HP Landkreis Bergstraße
HSK Hochsauerlandkreis
IK Landkreis Ilm-Kreis
IZ Landkreis Steinburg
JL Landkreis Jerichower Land
KA Stadt und Landkreis Karlsruhe
KB Landkreis Waldeck-Frankenberg
KH Landkreis Bad Kreuznach
KL Stadt und Landkreis Kaiserslautern
KLE Landkreis Kleve
KO Stadt Koblenz
KR Stadt Krefeld
LA Stadt und Landkreis Landshut
LB Landkreis Ludwigsburg
LDK Landkreis Lahn-Dill-Kreis
LER Landkreis Leer
LIP Landkreis Lippe
LM Landkreis Limburg-Weilburg
LOS Landkreis Oder-Spree
LÖ Landkreis Lörrach
LRO Landkreis Rostock
LU Stadt Ludwigshafen am Rhein
LWL Landkreis Ludwigslust-Parchim
ME Landkreis Mettmann
MEI Landkreis Meißen
MG Stadt Mönchengladbach
MI Landkreis Minden-Lübbecke
MK Märkischer Kreis
MKK Main-Kinzig-Kreis
MOL Landkreis Märkisch-Oderland
MSE Landkreis Mecklenburgische Seenplatte
MTK Landkreis Main-Taunus-Kreis

N Stadt Nürnberg
NE Landkreis Rhein-Kreis Neuss
NK Landkreis Neunkirchen
NOM Landkreis Northeim
NWM Landkreis Nordwestmecklenburg
OB Stadt Oberhausen
OD Landkreis Stormarn
OF Stadt und Landkreis Offenbach
OG Landkreis Ortenaukreis
OH Landkreis Ostholstein
OHV Landkreis Oberhavel
OL Stadt und Landkreis Oldenburg
OS Stadt und Landkreis Osnabrück
PA Stadt und Landkreis Passau
PB Landkreis Paderborn
PF Stadt Pforzheim
PM Landkreis Potsdam-Mittelmark
QFT Saalekreis
RD Landkreis Rendsburg-Eckernförde
RE Landkreis Recklinghausen
RO Stadt und Landkreis Rosenheim
RÜG Landkreis Vorpommern-Rügen
RV Landkreis Ravensburg
RW Stadt und Kreis Rottweil
SE Landkreis Segeberg
SI Landkreis Siegen-Wittgenstein
SL Landkreis Schleswig-Flensburg
SLK Salzlandkreis
SO Landkreis Soest
SÖM Landkreis Sömmerda
SP Stadt Speyer
ST Landkreis Steinfurt
STD Landkreis Stade
SU Landkreis Rhein-Sieg-Kreis
TDO Landkreis Nordsachsen
TS Landkreis Traunstein
UH Landkreis Unstrut-Hainich-Kreis
UM Landkreis Uckermark
UN Landkreis Unna
VEC Landkreis Vechta
VG Landkreis Vorpommern-Greifswald
VIE Landkreis Viersen
VS Landkreis Schwarzwald-Baar-Kreis
WE Stadt Weimar
WES Landkreis Wesel
WL Landkreis Harburg
WN Landkreis Rems-Murr-Kreis
WT Landkreis Waldshut
WÜ Stadt und Landkreis Würzburg
WW Westerwaldkreis
ZW Landkreis Südwestpfalz und Stadt Zweibrücken